사랑은 생명

도서출판 말씀

영원하신 하나님,

시인으로 살아온
은총의 시간들을
영혼으로 엮어서
당신께 바칩니다

도서출판말씀시선.5

정연홍 시집

|시인의 말|

저는 말씀이 하늘과 땅을 잇는
생명줄 임을 믿고 있기 때문에

말씀을 토대로 시를 쓰고 있습니다

오랜 시간 말씀이 숙성해서
뿌리를 내리고 줄기가 서면

예수의 피눈물에 적셔서 싹이 나고
그분의 향기로운 시의 꽃이 피어나

저의
첫번째 시도 하나님 이셨고
유일한 시도 하나님 이시며
마지막 시도 하나님 이시길
눈물로 따순 기도를 합니다

사랑의 근원

하나님은 사랑이시기에
사랑의 근원을 찾아가다
말씀 속에서 만났습니다

"나는 양을 위하여 목숨을 버리노라"

참 사랑과 거짓 사랑의 구별은
사랑하는 상대를 대신하여서
죽을 수 있느냐 없느냐 입니다

사람은 사랑하는 자를 위해서는 혹 죽을 수 있지만
예수님은 죄인들을 위해서 십자가를 지셨습니다

십자가의 사랑은 죽음도 사랑합니다

사랑은 생명

지금 한반도는 절체절명의 위기에 직면해 있습니다
미국 저널은 "트럼프의 신무기는 탈북자"라 했습니다
아마도 선제공격의 명분으로 앞세우는 것 같습니다

우리에게는 민족 주권 보다는 민족 생존이 발등의 불입니다
불은 북한 당국이 저질렀어도 끄는 것은 우리의 난제 입니다

북한을 공격하여 영변이 파괴되면 그 방사능은 남한을 덮어
장차 사람은 물론 동물도 살 수 없는 핵오염 지대가 될 것이고
국지전은 국제전이 될 수 있어 선제타격은 막아야만 합니다

"주님의 구원이 칼과 창에 있지 않다"는
심금의 소리에 귀를 기울여야 합니다

한국이 복음화 되면 통일은 자동적입니다

하나님의 사랑은 생명이기 때문입니다

사랑은 정의

우여곡절끝에 서초동거리를 걷게 되었는데
상상치 못한 고난과 시련의 세월이었습니다

서울중앙법원이 저에게는 골고다의 언덕이었는데
슬픔과 아픔이 예수께서 걸으셨던 형극의 길이지요

제가 밤새 기도했던 법원에 대한 얘기는

정의가 가장 주리고 목마른 기관이었고
가난한 사람에겐 법이 십자가였습니다

세상에서 가장 억울한 죄인
예수님의 음성을 듣고 싶어
그분의 발 아래 무릎을 꿇고
십자가를 우러러 보았더니
사랑은 정의로 보였습니다

아들의 십자가가 없었다면
아버지의 구원도 없겠지요

고난은 영혼을 소생시킵니다

발행인 유화선 시인은
깊은 말씀의 바다에서
번쩍이는 영감을 낚아

'생명길' 로 표지를 그렸고

제 부족한 시와 소품들을
옥합으로 만들었습니다

자신의 몸을 헐어 잃은 양을 찾는
가슴이 무른 선한 목자입니다

그를 통해 역사하시는 하나님께
마음 깊이 고인 감사를 드립니다

이 시집을 읽어주시는 분들께도
하나님의 위로가 함께 하시고요
말씀이 즐거운 노래가 되시길요

2018, 새노래로 설레는 설날
정연홍

|차례|

사랑의 근원

사랑은 생명

사랑은 정의

우리는 주님 제단의 촛불

사랑의 근원

예수의 양식

예수는 자신을 위해서 살지 않고
하나님 아버지를 위해서 살았다

그의 생의 목적은
아버지의 뜻을 이루는 데 있었으므로
삶과 꿈이 하나였다

영혼의 구원은 아버지의 소원이었고
그것을 전하는 것은 아들의 일이었다

그는 이 일로 자신의 양식을 삼았으므로
사명과 생명이 하나였다

살결이 찢어질 때까지
뼈가 드러날 때까지
피가 바닥날 때까지

할 일을 다 했어도

마지막 숨거두는 순간 까지

아버지의 사랑에 절여진 말씀을 먹었고
아버지의 쓴잔에 녹여진 용서를 마셨다

ㅁ 예수께서 이르시되 나의 양식은 나를 보내신 이의 뜻을 행하며
그의 일을 온전히 이루는 이것이니라(요4:34)

사랑의 근원

식물이 해를 받아야 살듯이
사람은 사랑을 받아야 살 수 있다

사탄은 세상은 줄 수 있어도
사랑은 줄 수 없다

사랑의 근원은 하나님이고
예수는 아버지의 사랑을 여는 열쇠다

그의 사랑이 우리 안에서 찍힐 때
우리는 하나님의 형상으로 인화된다

그의 고통이 우리 안에서 깨질 때
우리는 하나님의 꽃으로 만개된다

그의 생명이 우리 안에서 찢길 때
우리는 하나님의 빛으로 반사된다

ㅁ … … 사랑은 하나님께 속한 것이니… …(요일4:7)

영원한 이름

사랑은 사랑만을 의지하고
사랑은 사랑만을 바라기에

믿음과 소망과 사랑보다
더 아름다운 말이 있으랴

뗄레야 뗄 수 없는 이 세가지는
하나님께 가장 어울리는 이름이지만

하늘 나라에서는
믿음의 실체이신 분과 만날 때
소망의 본체이신 분과 대할 때

믿음과 소망은 간 데 없고
사랑이신 주님만이 남는다

사랑이 있는 곳에 천국이 있고
천국이 있는 곳에 사랑이 있어

하나님의 영원한 이름은 사랑이다

ㅁ 그런즉 믿음, 소망, 사랑, 이 세가지는 항상 있을 것인데
그 중에 제일은 사랑이라(고전13:13)

예수가 시(詩)

내 사랑이 녹여낸 시는
예수의 붉은 핏물

내 마음이 절여낸 시는
예수의 푸른 말씀

내 영혼이 달여낸 시는
예수의 진한 눈물

ㅁ 종려나무 가지를 가지고 맞으러 나가 외치되 호산나 찬송하리로다 주의 이름으로 오시는 이 곧 이스라엘의 왕이시여 하더라(요12:13)

호산나

내 영혼의 옥합

내가 늘 마음에 그리며
뼈에 새기는 사랑이
내게 추억하기를

그가 날 먼저 사랑했다는 말씀이
내 영혼의 옥합이다

사랑은 해처럼
사람을 품는다

깊고 높은 사랑의 근원으로 부터
사랑을 받지 못한다면
사랑은 곧 말라버린다

생생한 사랑의 샘이 흐르는 가슴이
내 양혼의 옥합이다

ㅁ 우리가 사랑함은 그가 먼저 우리를 사랑하셨음이라(요일4:19)

말씀의 반석

말씀은 흔들리는 영혼의 반석이며
하나님과 사람을 잇는 생명줄이므로

풍파 이는 세상에서 굳게 설 수 있고
죽음의 구렁에서도 생을 길어올릴 수 있다

마음 속에 심겨진 말씀은
삶과 사랑과 시의 눈물로
이끼꽃이 피는 반석이다

ㅁ 나를 기가 막힐 웅덩이와 수렁에서 끌어올리시고 내 발로 반석위에 두사 내 걸음을 견고하게 하셨도다(시40:2)

말씀의 신발 신고 님을 찾아가리라

가을

가을은
창조주가 지은 시

성숙과 조락의 계절이다

달랑달랑 매달리는 잎새도
기다림에 젖은 홍시도
굳게 잡았던 모과도

가을은 다 내려놓고 떠난다

만남과 헤어짐이 하나이듯
소유와 내려놓음 둘이 아니다

가을은
몸빛 고운
하늘의 뜻을 이루고 떠난다

ㅁ 예수께서 신 포도주를 받으신 후에 이르시되 다 이루었다 하시고 머리를 숙이니 영혼이 떠나가시니라(요19:30)

아버지의 가슴

하나님이 이름을 지으실 때

부모 잃은 아이는 고아라 하셨고
남편 잃은 아내는 미망인이라 하셨으며
아내 잃은 남편은 홀아비라 하셨지만

자식 잃은 부모는 너무 가슴이 아파
이름을 지으실 수가 없었다 한다

하나님의 사랑을 저울질 하려면
십자가를 보라

양 손과 양 발이 대못에 박힌
아들의 굽이치는 눈물바다에
아버지는 가슴을 묻었다

ㅁ ... ... 차라리 내가 너를 대신하여 죽었더면...(삼하18:33)

말씀의 종에게

하나님의 사람아,

예수 없이는 생명도 없다

네 생이 열린 날

말씀으로 시를 써서
그분의 마음을 전한다

내 생이 닫히는 날

유언은 없다

말씀보다 귀한 유산은 없다

말씀은 죽어도 사는
생명으로 두근 거리는
푸른 바다라

세월의 고개를 넘고 넘어
눈물 바다에 절고 절은
시린 말씀을 종에게 남긴다

ㅁ 태초에 말씀이 계시니라 이 말씀이 하나님과 함께 계셨으니
이 말씀은 곧 하나님이시니라(요1:1)

선교

생이 곤두박질 했을 때

머리가 풍비박산이 난 줄 알았는데
산산이 부서진 것은 내 생각이었다

헛디뎌 가파른 층계를 뒹굴었을 때

한 계단 한 계단
나와 함께 고통 당했던

보이지 않는 분의 피멍든 사랑이
그분의 존재를 생생하게 보여주었다

ㅁ 고난 당한 것이 내게 유익이라 이로 인하여 내가 주의 율례를 배우게 되었나이다(시119:71)

눈물의 시원

돌바람이 고객인
노점상들

하루 벌어 하루 사는
일용할 가난

일년 내내 파 마늘 다듬어도
곳간은 헛간

마음까지 에이는 날 없는 추위에
죽고만 싶다던 할머니

터진 손 마디 마디 마다
고이는 긍휼에 잠긴 눈물

하늘이 드리운 눈에만
보이는 눈물

ㅁ 나는 인애를 원하고 제사를 원하지 아니하며
번제보다 하나님을 아는 것을 원하노라(호6:6)

아들에게

아들아,

내가 가장 어렵고 고통스러웠을 때
네가 가장 높은 분을 향해 울부짖던
통곡이 아직도 내 귀에 들리는구나

사람을 상대로 하는 일처럼 허무한 것이 어디 있으랴 마는
주께서 사람을 위해서 사셨고 죽으셨기에

사람을 생각하되 멀리까지 생각해주고
사람을 사랑하되 영혼까지 사랑해야지

주께서 함께하시는 사역인데
네가 그 길을 가고 있구나

한 시구의
바이올린 신율이 영혼을 깨우는구나

오직 용서와 사랑으로 조율해야만
하나님의 가슴을 연주할 수 있다고

ㅁ 비파야, 수금아, 깰지어다 내가 새벽을 깨우리로다(시108:2)

생명의 떡과 물

예수는
생명의 근원이고
생수의 원천이며
육신이 되신 말씀이다

그의 말씀에는
생명의 영과
생명의 능력이 있어

말씀으로 사는 것은
생명의 떡을 먹는 것이고
생명의 물을 마시는 것이다

말씀이 사람이 되신
예수 없이

영원한 생명은
시작될 수도 없고
지속될 수도 없다

말씀이 영생이 되신
독생자 없이

영혼은
굶주릴 수 밖에 없고

목마를 수 밖에 없다

불멸하시는 분이
아들의 십자가를 통해

못박힌 살과
흐르는 피로
죄인에게 영생을 주셨다

생명의 시간이 얼마나 길었으면
생명의 사랑이 얼마나 깊었으면

ㅁ … …믿는 자는 영생을 가졌나니 내가 곧 생명의 떡이니라(요6:47,48)

영원한 사랑

재물과 명성을 취하지 않고
하나님의 영광과 인간 사랑을 택한
예수는 아들이라도
자신의 권리를 주장하지 않고
포기함으로
죄인의 형틀에 달려

세상이 떠나가도록
가슴이 빠개지도록

북받치는 울먹임이
뜨거운 눈물로 흘러내려
끝없는 구원의 강물되어

마음을 밝히고
영혼을 헹구어

용서할 수 없는 인생이 사유를 얻기까지
질그릇 같은 육체를 입고 죽음을 겪었다

ㅁ 그는 육체에 계실 때에 자기를 죽음에서 능히 구원하실 이에게 심한 통곡과 눈물로 간구와 소원을 올렸고 그의 경건하심으로 말미암아 들으심을 얻었느니라(히5:7)

말씀이 예수

말씀이 용해되어
심상으로 흐르는 것이
예수의 마음이고

마음이 눈물로 떨어져
문자에 재우는 것이
예수의 편지이며

편지가 씨가 되어
사랑으로 싹트는 것이
예수의 꽃詩 더라

가장 위대한 詩는
말씀이 육신이 된 예수다

□ 말씀이 육신이 되어 우리 가운데 거하시매 우리가 그의 영광을 보니 아버지의 독생자의 영광이요 은혜와 진리가 충만하더라(요1:14)

시를 위한 기도

첫눈 내리는 밤에
누군가에게 무슨 부탁을 하면
들어준 다기에

밤이 맞도록
눈을 맞으며
기도를 했더니
눈사람이 되었습니다

영혼의 눈발로 빚어지는
시인 처럼
하늘을 품어 우려내기에
영혼의 눈물로 떨구게 하소서

내 시에는

ㅁ 눈을 양털 같이 내리시며 서리를 재 같이 흩으시며(시147:16)

계시

예수는 하나님의 계시다

아무도 보이는 예수를 볼 수 없으면
보이지 않는 하나님을 볼 수 없고

누구도 보이는 아들을 믿을 수 없으면
보이지 않는 아버지를 믿을 수 없으며

사람은 보이는 구세주를 알 수 없으면
보이지 않는 창조주를 알 수 없다

결국 사람이 찾는 것은 하나님이고
아들의 십자가에서 그분을 만난다

ㅁ …… 나를 본 자는 아버지를 보았거늘 어찌하여 아버지를 보이라 하느냐(요14:9)

생명의 떡

말씀이 육신이 되신 아기 예수님이
하나님의 선물로 세상에 오심으로
그가 하늘에서 내려온 생명의 떡이다

말씀 떠나서는 구원이 있을 수 없듯
예수 떠나서는 영생이 있을 수 없고

육신이 양식 없이 살 수 없듯
영혼은 예수 없이 살 수 없다

머리 속에 말씀을 간직하고
마음 속에 예수를 모신 사람은
만유의 주를 소유한 사람이다

ㅁ 나는 하늘에서 내려온 살아있는 떡이니 사람이 이 떡을 먹으면 영생하리라 내가 줄 떡은 곧 세상의 생명을 위한 내 살이니라 하시니라(요6:51)

사랑

나의 가장 연연한 마음은 당신

나의 가장 생생한 생명은 당신

나의 가장 절절한 생각은 당신

나의 가장 싱싱한 힘은 당신

ㅁ 네 마음을 다하고 생명을 다하고 생각을 다하고 힘을 다하여 주 너의 하나님을 사랑하라(막12:30)

사랑은 능력

단장의 사랑

산모가 어찌 품 안의 젖먹이를 뗄 수 있으며
자기 태에서 나온 핏덩이에게
명치 끝이 땡기지 않겠느냐

육신의 어미는 아기를 잊을지라도
너는 항상 나의 골수에 끈끈 하고
문신처럼 나의 두 손에 새겨져 있어
오랜 세월 이겨낸 성벽처럼 너를 지키나니

너를 괴롭힌 자를 내가 쳐서
빼앗긴 것을 찾아오겠고
네 자식은 내가 건져낼 것이다

너를 먹이로 삼던 자들에게는
내가 분열하는 마음을 보내
서로의 피와 살을 먹게 하리라

비로소 세상은
사랑의 원천인 나의 애끓는
자식 사랑을 알게 되리라

ㅁ 여인이 어찌 그 젖먹는 자식을 잊겠으며 자기 태에서 난 아들을 긍휼히 여기지 않겠느냐 그들은 혹시 잊을지라도 나는 너를 잊지 아니할 것이라(사49:15)

심장의 등불

목마르지 않는 시

육신의 장막을 벗어나려는
두려운 죽음의 문턱에서도
당신을 노래하고 싶습니다

나의 수의는 당신의 옷자락으로 입혀주시고
나의 관은 당신의 긍휼로 덮어주시어
나의 무덤은 당신의 시집으로 펼쳐주시사

갈피마다 생명을 전하게 하소서

지나는 사람마다 목마르지 않게 하소서

ㅁ 내가 주는 물을 마시는 자는 영원히 목마르지 아니하리니
내가 주는 물은 그 속에서 영생하도록 솟아나는 샘물이 되리라(요4:14)

치료의 강물

영혼의 주소에는
평강을 안겨주는 병실이 있어
고요함과 정경을 담아내는 창가의 묵언을 듣고

창조주에 반한 노을 너머 긍휼이 뚝 뚝 떨어지면
주의 뜻을 헤아리는 기도가 영혼의 약수가 되고
몸과 마음을 소생시키는 치료의 강물로 흐른다

ㅁ 나는 너희를 치료하는 여호와임이라(출15:26)

주바라기의 기도

고통의 용광로

절박한
응급실

여기 저기서
고통이 고통을 부른다

환자든
보호자든

고통은
맞물린다

밤이 새도록
고통과 씨름한다

이곳은
겟세마네 기도골이고

십자가
생명 사랑의 형장이다

生과 死의 갈림길에서
이 둘을 접목시키시는

하늘 아버지의 고통이

땅 바닥을 구르며 왔다

사랑은 고통이다

ㅁ 내가 사랑하므로 병이 났다고 하려무나(아5:8)

고통의 산실

당신

내 안의 멍울진 심령 꽃피우는
당신

내 안의 핏물든 시구 우려내는
당신

내 안의 탱탱한 슬픔 일궈내는
당신

내 안의 알알한 열매 맺어주는
당신

내 안의 처음과 마지막 생명주는
당신

ㅁ 나는 포도나무요 너희는 가지라 그가 내 안에, 내가 그 안에 거하면 사람이 열매를 많이 맺나니 나를 떠나서는 너희가 아무 것도 할 수 없음이라(요15:5)

경외

하나님을 경외하는 것은
그 분 앞에서
그 분을 우러르며
그 분 마음으로 행하는 자세다

거짓된 이 세상의 연극이 끝날 때
하늘 나라에 가져갈 수 있는 것은
예수의 사랑 밖에 없다

그 분을 사모하여 드리는 들꽃이 없다면 슬프다
그 분만이 아시는 눈물과 고통이 없다면 헛되다

주를 경외함은 영혼의 아름다움이고
이런 여인의 고움은 영원히 지속되어

예수의 발에 향유를 부은 마리아 처럼
수천년을 지나온 눅눅한 향기에 서려
나도 모르게 시향의 옥합을 깨뜨린다

경외가 베다니 여인을 칭찬받게 한다

ㅁ 고운 것도 거짓되고 아름다운 것도 헛되나 오직 여호와를 경외하는 여자는
칭찬을 받을 것이라(잠31:30)

풀빛 눈망울에 어리는 말씀

나의 할아버지는 서당 선생님이었다 하는데
이우는 연세에 예수님을 영접하시고 부터는
하나님 자신인 말씀을 손에서 놓지 않으셨다

어린 나를 업고 포대기를 두르시고는
무릎 꿇고 간절함을 드리고 나서야

먹먹해진 검은 벼루에 먹을 우려내
한지에다 붓글씨로 말씀을 풀었다

마치 신하가 임금님께 상소문을 올리듯이
획 하나 점 하나도 온 마음을 기울여 쓰셨다

애끓는 마음 채우면 차곡 차곡 개어서
문갑 속에 넣고는 자물쇠를 채우셨다

작은 할아버지가 우리 집에 오시면 들리던 소리가 자욱하다

"형님 돌아가시면 내가 와서 저 문갑 부수고
무슨 보물단지가 들어있는지 가져 갈꺼야!"

할아버지 돌아가신 후

문갑 속에 간직했던 보물단지에는
세상 사람의 눈길은 닿지 않았지만

마음 속에 간직했던 말씀단지에는
업어 기른 한 생애의 눈길이 딸렸다

나도 우리교회 새싹 유아들을
안아주고 업어주고 걸려주며

할아버지가 내게 하셨듯이
꿀송이 말씀을 전하고 싶다

나비가 꽃밭에서 꿀물을 찾아 날아다니듯
어린이들이 말씀밭에서 뒹굴면서 자라나
그 풀빛 눈망울이 말씀의 보화로 빛나도록

ㅁ 금 곧 많은 순금보다 더 사모할 것이며 꿀과 송이꿀보다 더 달도다(시19:10)

노숙자로 오신 예수님

사랑은 생명

어둠의 계보

나약한 인간의 의지가 고삐 풀려
사나운 욕심과 결합하면 죄가 태어나고

죄가 행동으로 발전하면
유혹과 연합하여 파멸의 어미가 된다

하나님은 기도에 따라서 선택하고 결정하게 하사
생명으로 열매를 맺게 하시지만

사탄은 욕심에 따라서 선택하고 결정하게 하여
사망으로 결과를 맺게 한다

ㅁ 욕심이 잉태한즉 죄를 낳고 죄가 장성한즉 사망을 낳느니라(약1:15)

배경

세상은 돈이 배경이지만
하나님은 믿음이 배경이다

돈은 뿌리없이 돌고 돌아
부평초처럼 정처없이 표류하지만

믿음은 기도의 누(樓)에 올라
주의 말씀을 기다리고 기대한다

돈은 사정의 격랑에 익사하지만
믿음은 심판의 날에 굳게 선다

돈은 세상의 것이고
믿음은 하나님의 것이다

ㅁ ... ... 내 말을 듣고 나 보내신 이를 믿는 자는 영생을 얻었고
심판에 이르지 아니하나니 사망에서 생명으로 옮겼느니라(요5:24)

세상에서 가장 위대한 사건

하나님은 세상을 구하시기 위해서
허다한 천군 천사를 보내신 것이 아니라
당신의 외아들을 보내셨다

강한 손길을 통해서
아들의 일을 쉽게하신 것이 아니라
죄인의 죽음을 지고 나무에 달리게 하셨다

쓴 잔을 피하게 하신 것이 아니라
아버지의 원대로
모든 것을 희생하게 하셨다

피가 낭자한 형틀에서
용서를 안은 사랑에서
새 생명이 쏟아졌다

생명의 물결은
아들의 핏물이 고인
아버지의 가슴에서 흘러

비우고 비워도
채우고 채우는
영원한 생명샘이 되었다

□ 내가 주는 물을 마시는 자는 영원히 목마르지 아니하리니 내가 주는 물은 그 속에서 영생하도록 솟아나는 샘물이 되리라(요4:14)

아버지의 훈련

하늘 아버지께서

당신의 자녀들을 키우실 때
영원을 품은 눈동자처럼 보호하시지만

시련을 통해서
맹수의 발톱에서 건져주시고

단련을 통해서
절망의 나락에서 구원하시며

훈련을 통해서
원수의 전투에서 승리하게 하신다

아버지는

깊은 바다로 떨어지는 마음을 받아
말씀으로 연단하여 세상을 이기게 하신다

ㅁ 내가 애굽사람에게 어떻게 행하였음과 내가 어떻게 독수리 날개로 너희를 업어 내게로 인도하였음을 너희가 보았느니라(출19:4)

침묵과 함성

이스라엘에게 여리고성은 국경의 문빗장이고
가나안 정복의 발판을 마련하는 것이므로

여리고 성의 사람들은 전쟁에 대비해
항아리 마다 물과 식량을 저장해두었고
성벽을 더욱 튼튼히 난공불락으로 만들었다

전능자의 여리고 성 전략은

땅굴을 파라는 것도 아니고
요새를 구축하라는 것도 아니며
무기고를 설치하라는 것도 아니고
공격진을 배치하라는 것도 아니며

언약궤를 제사장들이 메고
6일동안 하루에 한번씩 침묵 속에 성을 돌고
7일째는 7번을 돌되 7명의 제사장이 양각나팔을 길게 불면
온 백성이 큰 소리로 외칠 때 여리고 성이 함락된다는 것이다

언약 속에 믿음이 잉태되면 순종을 낳아

요단강에 발을 내딛는 순간
범람하는 강물이 갈라졌고

침묵 속에 간절함이 익으면 기도가 터져

철옹성 같은 여리고 성이 지진이 난 것처럼
흔들흔들 불의한 성이 무너져 내렸으니

뜨거운 함성이 전능한 손을 움직였던 것이다

ㅁ 일곱 번째에 제사장들이 나팔을 불 때에 여호수아가 백성에게 이르되 외치라 여호와께서 너희에게 이 성을 주셨느니라(수6:16)

한 쌍

말씀과 지도자의 성패

인생여정에는 말씀이 이정표인데
지도자가 말씀에 어두우면
권력욕에 눈이 멀어

소경 제 닭 잡아 먹듯
엇갈린 측근은 선량이라도 끌어낸다

말씀은 하나님이기 때문에
말씀을 믿는 사람은 全知者가 함께 하시는 것이고
말씀을 등진 사람은 全能者의 힘을 떠나는 것이라

말씀 떠난 지도자는 무지 무능하고
그의 원칙과 신뢰는 통째로 무너진다

말씀 품은 지도자는
말씀이 육신이 되신 분의
뜻을 행하고 섬김으로

그를 따르는 사람들도
숫자나 권세가 아닌
예수를 바라보게 된다

정권에 집착하는 지도자는 바람을 잡는 것이고
말씀에 순종하는 지도자는 영원을 잡는 것이다

□ 이 율법책을 네 입에서 떠나지 말게 하며 주야로 그것을 묵상하여 그 안에 기록된 대로 다 지켜 행하라 그리하면 네 길이 평탄하게 될 것이며 네가 형통하리라(수1:8)

말씀은 사랑

함께 하심

하나님이 함께 하시는 사람보다
더 행복한 사람이 어디 있으랴

누가 그를 당할 수 있으랴

하나님께 낯선자들 까지도
그로 인하여 복을 받는다

그에게는

시련이 기다리고 있지만
형통이 그림자 같이 따른다

고난이 진을 치고 있지만
승리가 뒤를 쫓는 것이다

불행도 그림자처럼

마음은 원하지 않아도
발길은 죄를 따라 걸을 때
주의 신은 떠날 것이다

하나님의 품을 떠나 어디서 안식할 수 있으랴

주의 생각을 벗어나 어디서 깊어질 수 있으랴

모세는
함께하심을 거부 당했을 때

긍휼의 눈길을 받을 수 없는 이스라엘은
삶이 삶일 수 없음을 알고
기도줄에 생명을 걸었다

영혼의 고아가
가장 바라는 것은
함께하심 이다

ㅁ 너희를 젖과 꿀이 흐르는 땅에 이르게 하려니와 나는 너희와 함께 올라가지 아니하리니... ...(창33:1)

동행

만왕의 왕께

만왕의 왕이
세상에 누울 곳이 없어
말구유에 태어나심에
머리 숙여 경배합니다

만왕의 왕이
사람의 마음에 거할 곳이 없어
여물통을 요람으로 쓰신 것에
무릎 꿇고 회개합니다

만왕의 왕이
머리 둘 곳이 없어
십자가를 베개로 삼으신 것에
머리 풀어 피눈물을 닦아 드립니다

ㅁ 빨리 가서 마리아와 요셉과 구유에 누인 아기를 찾아서(눅2:16)

시향의 옥합

님의 출애굽

나의 님은

가장 거룩한 곳에서
춥고 더럽고 냄새나는 세상에 오시어
가장 저리고 쓰라려 짓무른 가슴 속에

두 민족으로 찢겨진
한 민족의 상처를
자신의 강보로 싸매어

암탉이 병아리를 날개 아래 품듯
만신창이된 우리 민족을 품어
일렁이는 파도에 휘둘리지 않고
화평의 길로 이끌며

독수리가 새끼를 날개 위에 업듯
비분강개한 우리 민족을 업어
출렁이는 바다에 빠뜨리지 않고
소원의 항구로 인도하는 것이다

구유에서 부터 십자가 까지
님의 나라는 사랑이 뿌리다

□ 너희가 가서 강보에 싸여 구유에 뉘어 있는 아기를 보리니
이것이 너희에게 표적이니라 하더니(눅2:12)

예수의 혈족

예수님이 귀신 들렸다는 악선전에 뇌화부동된
그의 어머니와 형제들이 그를 제재하기 위해서
군중에 둘러싸여 있는 그에게 전갈을 보냈다

예수께서 일갈하시기를

"누구든지 하나님의 뜻대로 행하는 자가
내 형제요 자매요 어머니이니라"

참 가족은 혈연관계에 있지 않다

예수께서 혈육을 덜 사랑하신 것이 아니라
말씀대로 사는 제자들을 더 귀히 여기셨다

그의 가족을 회개하도록 이끈 것은 십자가였고
그분은 표적보다 아버지의 뜻을 더 중히 보셨다

예수만이 하나님의 뜻에 자신의 생명을 바쳤고
예수만이 하나님의 뜻에 자신의 영혼을 드렸다

그는
아버지의 마음에 자신의 마음을 매장했고
아버지의 생각에 자신의 생각을 접었으며
아버지의 소원에 자신의 소원을 불태웠다

우리가 예수의 발걸음을 그림자처럼 따르며
그의 뜻을 이루기 위해 말씀을 사모한다면

순종은 사람이 할 수 있는 가장 아름다운 기도다

말씀으로 우리는 예수의 뼈와 살이 되고
그 뜻을 행함으로 그분의 참 혈족이 되면

우리의 신음은 그분의 뼈 속까지 울리고
우리의 슬픔은 그분의 살 속까지 번지며
우리의 상처는 그분의 피 속까지 붙는다

ㅁ 누구든지 하나님의 뜻대로 행하는 자가 내 형제요 자매요 어머니이니라(막3:35)

귀환

하늘 아래 산다는 것은
하늘 품에 사는 것이라
하늘 손에 역사는 산다

언제 우리가 우리의 힘으로
8.15 해방을 맞이 했던가

언제 우리가 무기를 쌓아놓고
6.25 전쟁을 치루 었던가

이스라엘의 출애굽은
하나님의 능력이었고

시온의 포로귀환도
하나님의 손길이었다

한 겨레의 귀환은
정치적 합의나
군사적 행동에 의해
되어지는 것이 아니라

사로잡는 자들을 사로잡히게 하시고
포로로 만든 자들을 포로로 보내시는
하나님의 힘이 주체가 될 것이다

핵을 핵으로 막겠다는 발상은 첨단의 무지다

생명을 인질로 협박하는 것은
핵전쟁이 아니라 돈 전쟁이다

북한 미사일 공격은
사드로 막을 수 없고

사람의 마음을 봇물 돌리듯 하시는
하나님의 능력으로만 이길 수 있다

그분은 칼을 심판하셨다

하나님 무서운 줄 모르는 사람은
하나님 심판을 부르는 사람이다

ㅁ ... ... 칼을 가지는 자는 다 칼로 망하느니라(마26:52)

빛나는 신부

선을 악으로 갚는 것은 사탄이 하는 일이고
선을 선으로 갚는 것은 사람이 하는 일이라지만
악을 선으로 갚는 것은 하나님이 하시는 일이라 한다

갈수록 예수 믿기가 어렵다

선을 선으로 갚는 것은 인지상정 이지만
악을 선으로 갚는 것은 하나님의 원리다

하나님은 원수까지 사랑하시므로
우리에겐 시련과 고난이 따르지만

악인이 세상의 영광에 들리우면
그것이 그에게는 급전직하 였더라

악인이 악으로 승승장구하는 것은
짐승같은 자의 비탄의 나락이더라

선으로 악을 이기라는 것은
지극히 선하신 분의 법이다

그분은 우리의 선행으로 감동을 받은
상대가 돌이켜 돌아오기를 원하시지만
회개치 않으면 그 머리에 진노가 쌓인다

누가 알랴
스데반이 드린 예수의 기도가 바울의 찬란한 모습이듯이
세상의 반려가 그리스도의 빛나는 신부의 모습이 될런지

ㅁ 공회 중에 앉은 사람들이 다 스데반을 주목하여 보니 그 얼굴이 천사의 얼굴과 같더라(행6:15)

그리스도의 신부

사랑의 핵은 죽음

예수의 제자들은 순교했다고 하나
유독 유다만은 자살골을 넣었는데

왜 그는 주님을 위해 피 흘리는 것이
행복이라는 것을 깨닫지 못했을까

그는 예수를 사랑하지 않고
돈에 대한 사랑에만 눈 멀어

주님의 말씀을 따르지 않으므로
자신의 영혼을 잃어버리게 된다

사탄이 그의 탐심을 통해 들어와
파멸의 구렁으로 그를 이끌었다

사랑은 그 심장에
죽음을 품고 산다

사랑은
예수에 끌리어

땀 흘리는 것이다
눈물 흘리는 것이다
피 흘리는 것이다

사랑하는 사람을 위해 죽을 수 있는 것이
행복의 씨앗이고 천국문을 여는 열쇠다

ㅁ 보라 내가 여러분 중에 왕래하며 하나님의 나라를 전파하였으나
이제는 여러분이 다 내 얼굴을 다시 보지 못할 줄 아노라(행20:24)

사랑은 땀과 눈물과 피

어느 부유한 청년의 선택

성경에 나오는 한 부유한 청년은
돈과 젊음과 요직을 쥔 사람이다

그는 영생을 얻기 위해 무엇을 해야 할지
예수께 달려와서 꿇어 앉아 간구하므로

"네게 있는 것을 다 팔아
가난한 자들에게 주고
나를 따르라" 고 하셨다

율법의 완성은 사랑이고
영생은 예수께 속한 것을
깨닫지 못한 부자 청년은
응답이 뇌성벽력 이었다

청년이 재물이 많다 함은
아마도 재벌 아들이리라

베풀기 보다는 착취를 선호하고
하나님 보다는 재물을 선택하여

그에게는 창조주의 형상을 볼 수 없어
영적으로 죽은자는 슬픔을 자아낸다

ㅁ ...가서 네게 있는 것을 다 팔아 가난한 자들에게 주라 그리하면 하늘에서 보화가 네게 있으리라 그리고 와서 나를 따르라 하시니(막10:21)

말씀은 빛

복음통일

우리나라가 하나님의 능력으로
복음통일이 되기를 원한다면
예수님의 말씀을 따라야한다

주님은 성급한 제자 베드로에게
“칼을 쓰는 자는 칼로 망한다” 하며
찌름으로서가 아닌 찔림으로서
죽임으로서가 아닌 죽음으로서
하나님의 모든 말씀을 이루셨다

우리 한반도의 미래는 첩첩산중이다
김정은의 핵갑질은 생명의 위협이고
아시아 패권을 탐내는 중국과 일본은
불안한 한반도 정세를 요리하려 하며

미국은 한국의 안보라는 생명줄을 쥐고서
통상 압박으로 혈맹국을 버겁게 하고 있어

말로는 동맹국의 강화라는 열강의 각축전에서
한국은 고래 사이에 끼어있는 등푸른 생선이다

지금 한반도 정국의 유일무이한 해결방법은

한 생명을 천하보다 귀히 여기시는 사랑의 왕께 있고
말씀으로 천지를 창조하시어 통치하시는 주께 있다

핵을 핵으로 막는 것은 예수께 대한 무지다

전쟁은 전쟁을 부르고
무기는 무기를 낳으나

가르침과 병고침의 성역도 등지고
세상 죄를 지고 가신 정의의 주만이
한민족의 평화통일을 이룰 수 있다

복음통일은 한국교회가 지고 올라 갈 십자가다

□ 그의 입은 우유 기름보다 미끄러우나 그의 마음은 전쟁이요 그의 말은 기름보다 유하나 실상은 뽑힌 칼이로다(시55:21)

별빛 나라

아버지의 꿈

아버지는 먹구름 드리운 비바람 속에서도
하늘이 주신 땅에서 농사를 지으셨고
여린 풀잎 감싸주는 손에 흙 내음을 사랑하셨다

당신의 농장 가득
눈부신 하늘을 펼쳐놓고
자연에서 깨친 혜안으로 하늘의 숲을 이루어
그 속에서 방문객들이 진주알 같은 情을 담아가는 것을
주신 분께 제사 드리는 것으로 믿었다

농장 앞을 굽이 굽이 흐르며
초록 물감 풀어내는 흑천강을
삶의 젖줄기로 후계자를 기르고 싶어했고

그 강물을 찍어
역사의 새 아침을 다시 써내려 갈
나라의 인재들을 키우고 싶어했다

당신이 젊은 날 섬겼던
김구 선생님의 참과 동족과 통일의 상념에 젖어
오랜 세월 깊어진 강물과 함께 흐르곤 하셨기에

수진원을 감싸며 흐르는 흑천강에 다리를 놓아
서로 생각하는 마음 강물같이 깊어지게 하여
누구라도 아버지 품막처럼 다니도록 하셨다

아버지는 당신의 땅을
하늘의 땅으로 되돌려 드려
우리 모두의 땅이 되기를 원하셨다

세상의 여의치 못한 인생의 항로에서
하늘의 응답을 애타게 기다리는 사람이
머슴 다리에 서면 말씀에 투신한 하늘의 꿈이
만고풍상의 버팀목이라는 것을 보고 가리라

□ ... 내가 모든 사람에게 나의 영을 부어주겠다 너희의 아들딸은 예언을 하고, 노인들은 꿈을 꾸고, 젊은이들은 환상을 볼 것이다(욜2:28)

아버지의 옥합

녹시(鹿詩)

사슴이 시냇물을 그리워하듯
가뭄이 소나기를 목말라하듯

사람이 하나님을 기다리다
찾아나선 머나먼 그리움의 길

절망의 십자가를 지고
절규의 골짜기를 지나

인고의 땅에서 만나는
神과 인간의 話唱

ㅁ 하나님이여 사슴이 시냇물을 찾기에 갈급함 같이 내 영혼이 주를 찾기에 갈급하니이다(시42:1)

사슴의 노래

아버지의 유언

비바람이 손님이었고
그림자가 절친이었던
아버지의 오랜 유언은

당신이 죽으면
누구에게도 알리지 말고
아껴 입었던 감색양복을 입혀
당신의 분신이었던 손수레에 싣고가서

당신의 손이었던 삽과 곡괭이로
땅을 파서 선산 가묘에 묻어주고

혹 소문 듣고 찾아오는 사람이 있으면
극진히 대접해서 보내고
절대로 조의금은 받지 말라는 것이었고

"수진원은 하늘이 내게 주신 땅" 이므로
성식한 후세사를 세워
誠地로서 지켜야 하며
그 열매는 사회에 환원해야 한다는 것이었다

아버지의 유언은
산을 두르고
농장을 안고 흐르는
하늘빛 강의 마음이다

□ 물에 비치면 얼굴이 서로 같은 것 같이 사람의 마음도 서로 비치느니라(잠27:19)

주바라기의 기도

해바라기가
한 순간도 눈을 떼지 않고 해만 바라보듯

주바라기는
주만 우러르며 살게하신 것 감사합니다

해바라기는
햇빛을 받아야 연명할 수 있듯이

주바라기는
은혜로 구원받는 것 감사합니다

사랑은 심판을 이깁니다
자비의 햇빛을 비추소서

ㅁ 긍휼을 행하지 아니하는 자에게는 긍휼없는 심판이 있으리라
긍휼은 심판을 이기고 자랑하느니라(약2:13)

세상과 천국의 갈림길

세상은 육안으로 보고
천국은 영안으로 본다

세상은 다수가 진리고
천국은 고독이 진리다

세상은 황금이 하나님이고
천국은 말씀이 하나님이다

세상은 인생고가 시고
천국은 십자가가 시다

세상은 탐욕으로 끝나고
천국은 사랑으로 시작한다

ㅁ 이는 내 생각이 너희의 생각과 다르며 내 길은 너희의 길과 다름이니라 여호와의 말씀이니라(사55:8)

ㅁ 이는 하늘이 땅보다 높음같이 내 길은 너희의 길보다 높으며 내 생각은 너희의 생각보다 높으니라(사55:9)

그 시대, 소명의 땅

용문산 기도원에 가면 마리아료에서 묵었는데

혼자서 밥해먹는 것 보다
둘이서 죽 끓여먹는게 맛 있었고

반찬은 오로지
간장에 파 송송 띄운게 전부였던 것이

70년대 용문산 신학생들의 진풍경이었다

비 온 뒤에 산에 올라가 기도하고 내려오면서
버섯 따다 헹구어 소금뿌려 기름에 볶아 놓고

쑥을 뜯어다가 밀가루 반죽해서 부쳐놓으면
험준한 길 찾아온 손님을 위한 만찬 이었다

커피 마시는 것도 낭비하는 것 같아
기도의 힘으로 끊었더니
심장병이 절로 낫더라
이웃을 돕는 것이 내가 사는 길이더라

지금도 바람 드센 사사봉에서
버섯 처럼 옹기 종기 앉아 기도하던 때가 그립고

쑥처럼 푸르른 말씀을 떡처럼 먹던 때가 꿈같다

산 기슭 윗목 냉골에
하늘 바람이 부려놓은 소명이
아랫목 보다 절절 끓어

주저앉고 싶을 때 마다
다시 뛰게 하는 원동력이고

뜨거운 부르심의 소리가
동토의 슬픔을 녹여준다

ㅁ ... 하나님이 떨기나무 가운데서 그를 불러 이르시되 모세야 모세야 하시매 그가 아뢰기를 내가 여기 있나이다(출3:4)

사랑은 생명

우리는 홍해 앞에 서 있는 출애굽한 이스라엘처럼
앞에는 바다 뒤에는 바로의 대군이 추격하고 있다

주변국 모두 한반도 전쟁 시나리오에 대응하고 있고
우리는 세상의 가장 호전적인 집단과 대치하고 있다

북한은 핵무기 완성으로
남한을 공산화 하려한다

이것은 정의에 대한 도전이다

이스라엘을 노예로 노동력을 혹사하는 바로에게
주께서 "내 백성을 보내라"고 당당하게 명령하셨다

주님이 이스라엘을 보내라 하신 것은 예배를 통해서
당신 백성을 죄에서 구원하시려는 사랑의 발로이나

바로가 "이스라엘을 보내지 아니하리라" 한 것은
애굽의 왕궁건축과 도시 건설의 재화와 용역이
이스라엘의 노동력을 착취한 것이기 때문이다

바로왕의 소유권 주장 對
하나님의 인권투쟁이다

창조주의 열 가지 재앙을 차례로 내린
모세를 따라 애굽을 나온 이스라엘은

육십만 장정과 가축과 패물을 손아귀에 넣으려는
바로의 막강한 군대와 지휘관들의 추격을 받았다

사람의 위기는 하나님의 호기라
모세가 하나님의 뜻에 순종하여

양몰이의 지팡이를 들고 바다 위로 손을 내밀자
큰 돌풍이 밤새도록 불어 닥쳐 바닷물이 갈라져
바다의 심장부를 뚫고 길이 만들어진 것이었다

이스라엘 장정들은 노약자를 앞세우고 가축떼를 끌면서
생명의 길로 나아와 종살이는 완전히 막을 내린 것이었다

새벽에 하나님께서 불과 구름 기둥 가운데서
애굽군대를 보시고 그들을 어지럽게 하시며

그들의 병거 바퀴를 벗겨서
진격하기가 어렵게 하시니

애굽 군은 만군의 주의 역사임을 알고 도망하려 했으나
하나님의 말씀대로 다시 모세가 바다 위로 손을 내밀자

새벽이 되어 바닷물이 제자리로 돌아와
양쪽으로 갈라졌던 물이 하나로 덮쳐져

이스라엘을 먹이감으로 바짝 추격해온

병거들과 보병들과 바로의 모든 군대를
하나도 남김 없이 무더기로 삼켜 버렸다

하나님의 능력으로 말과 마병은
바다 속에서 돌처럼 침묵 하였고

바로는 하나님의 정의를 나타내는
전민족 전세대의 심판의 표상으로
부침을 거부하는 기념비가 되었다

하나님의 사랑과 생명이 하나이듯
하나님의 사랑과 정의도 일치한다

사랑이신 하나님은 영혼 구원을 제일 기뻐하시나
북한은 기독교의 불모지로서 인권의 사각지대다

북의 바로는 동족 생명을 인질로 핵도박을 하고 있다

"핵무력 완성"은 민족 생존에 조종을 울리는 일인데
핵을 가지고 평화를 논하자는 것은 감언이설이다

누가 우리를 구할 것인가
우리의 힘은 오직 하나님
깊음 속을 가르신 분이다

복음통일은 창조주의 주권이다

약자가 강자를 이길 수 있는 전략은
바람과 바다도 순종하는 분께 있고
전능자의 손을 움직일 수 있는 것은
자기를 버린 예수의 생명 사랑이다

사랑은 생명

생의 파고에서

이스라엘은 모세에게 속하여 세례를 받았고
애굽군대는 바로에게 속하여 심판을 받았다

사랑은 생명

생의 물벽에서

복음통일은 예수를 통하여 생명을 낳고
해 통일은 사탄을 통하여 사망을 낳는다

사랑은 생명

생의 풍랑에서

사랑은 생명으로 출렁거리고
탐욕은 죽음으로 출렁거린다

ㅁ 이스라엘 자손이 바다 가운데를 육지로 걸어가고 물은 그들의 좌우에 벽이 되니(출14:22)

사랑의 증거는 십자가

사랑은 정의

마음의 곳간

세상은 99%를 차지했어도
나머지 1%를 빼앗으려고
안면 몰수 하는데

세상의 1%도 없는 사람이
자신의 100%를 주었다

세상의 십자가는 그를 매달았지만
자신의 몸과 피로 사랑을 보여주었고

세상의 내쫓김을 당했지만
자신의 나라를 열어주었다

오는 길을 잃지 않도록
말씀으로 비추어 주었고

천국길은 험한 길이라
기도로 동행해 주었다.

받은 것이 없는 사람이
모든 것을 주었고

더 줄것이 없어
마음의 곳간을 주었다

ㅁ 모든 지킬 만한 것 중에 더욱 네 마음을 지키라 생명의 근원이
이에서 남이라(잠4:23)

법과 정의

법은 나라의 정의를 세우는 뿌리인데
재판에 재물과 권력이 개입한다면
힘 없고 가난한 자는 궁지에 몰리고
빈 부 격차는 깊어져 국력을 잃는다

법은 양심의 경종이어야 하는데
하늘과 땅이 다 아는 사실인데도
매매된 재판장이 입증을 원하면
조작된 자료로 적반하장이 된다

법은 하늘의 지혜로 풀어야 하는데
법리에 셈빠른 金 재판장의 판결은
사실과 진실과는 하늘과 땅 사이 보다 멀어
법은 약자의 어깨를 짓누르는 짐이 되지만

정의는 억울한 재판으로 고통당한
예수의 피눈물과 물들면 살아난다

ㅁ 그는 정의로 세계를 다스리시며, 공정하게 만백성을 판결하신다(시9:8)

속울음

서초동 법원 청사를 밟은 세월과
상한 마음은 한 쌍이더라

언젠가 매운 바람 일던 날
법원 앞에는 차가 정체되어 길게 장사진이었는데

어떤 어르신이 서류뭉치를 손에 꼭 쥐고
조심 조심 정문을 걸어나와

도로 옆 골목 어귀의 전신주에 기대어
가쁜 숨을 몰아쉬다가 고였던 슬픔이 흩어지더라

어느 몹쓸 인생이
저 의지가지 없는 할아버지를 소송으로 몰아냈을까

세상 인심에 소름이 돋는 이곳은
시리고 먼 가슴앓이 길

솜털 하나라도 다치지 않으려는 이기주의의 숲에서
불어오는 칼 바람에 속살까지 에이더라

법은
진실보다 입증을 좋아하지만

하나님은
겉사람보다 속사람을 사랑하시어

그분의 가슴에선
말은 속절없이 흐르지만
속 울음이 속속들이 적시더라

ㅁ … … 급히 울곳을 찾아 안방으로 들어가서 울고(창43:31)

어떤 응답

한 자 한 자
한 줄 한 줄

패자의 판결문은
가슴에 쌓일때마다

절망이 둥지를 틀기에

밤마다 제단 위에
상한 심령을 드리고

간구하기를

판결서는
하나님께서 다시 써 주시고

저에게는
마지막 한 호흡까지
당신을 노래할 수 있도록
시의 재능을 부으소서

하오나
당신의 깊은 침묵이
울먹이는 내 영혼에

여울져 메아리치기를

"얘야,
시는 재능으로 쓰는 것이 아니라
예수 그리스도의 고통으로 쓰는 것이란다

그리고 그 안에 내가 있었다"

이 응답이
고뇌하는 영혼에 스미어

말씀으로 뿌리를 내리더니
예수의 시로 갈음하더이다

ㅁ …… 누구든지 나를 따라 오려거든 자기를 부인하고
자기 십자가를 지고 나를 따를 것이니라(막8:34)

괴롭게 하는 자의 말로

이름과 뜻이 절묘하게 맞아 떨어지는 사람은
하나님의 것을 도적질하여 자기 족속을 괴롭힌 "아간" 이다

그는 여리고 성의 전리품 중
눈을 황홀하게 하는 외투 한 벌과
번쩍이는 은과 금 한 덩이에 눈이 멀어
하나님께 바쳐진 물건을 몰래 감춰서
자기장막 속으로 가져가 땅속에 묻었으나

불꽃같이 살피시는 하나님의 진노로
아이성의 전투는 패하였고 36명의 전사자를 내자
이스라엘의 마음은 물 같이 녹아 괴로움에 잠겼다

한 국가가 한 사람의 죄로 인해 참패한 것은
한 민족의 구성은 한 사람이기 때문이다

이스라엘의 가장 강력한 적수는
아군인 아간의 탈취였다

아간이 늘면 늘수록
이웃은 고통당하고 사회는 신음한다

개인의 물욕이 얼마나 공동체를 괴롭혔는가

아간이 번지면 번질수록

빈부의 격차는 하늘과 땅 만큼 벌어진다

소수의 탐욕이 얼마나 나라를 괴롭혔는가

탐심은 가슴에 암을 품는 것이라
죄는 죄인을 파멸시킨다

ㅁ 여호수아가 이르되 네가 어찌하여 우리를 괴롭게 하였느냐
여호와께서 오늘 너를 괴롭게 하시리라 하니 온 이스라엘이 그를 돌로 치고
물건들도 돌로 치고 불사르고(수7:25)

전능자의 전략

다윗 왕의 모사였던 아히도벨의 판단을
당대의 사람들은 하나님의 말씀처럼 받아들였다

아들이 쿠테타를 일으켜 아버지가 수도를 탈출하면서
압살롬의 진영에 아히도벨이 끼어있다는 소식을 접한 다윗은
그의 모략을 어리석게 해달라고 기도로 강청했다

즉시 응답되어 신실하고 유능한 친구 후새가 등장함으로
다윗은 그를 압살롬에게 위장 전향자로 보내어
아히도벨의 책략을 좌절시키고 정보를 얻으려 했다

하나님은 악한 자의 지혜를 어리석게 하신다

아히도벨은
지치고 곤고한 다윗만 속히 제거하면
그의 병사들은 뿔뿔이 흩어질 것이고
그의 지지자들은 압살롬에게로 돌아올 것이라고 획책했다

후새는
다윗이 전술에 능한 사람이라
착실히 대군을 모아 인해전술을 써야 하고
압살롬이 앞장서서 진두지휘할 것을 부추겨

군사회의에서 만장일치의 승인을 얻었다

생초짜인 압살롬에게는
아히도벨의 전략이 맞춤인데
후새의 사탕발림에 넘어갔다

주님은 그의 손으로 사람의 마음을 강물처럼 돌리신다

압살롬은 예루살렘 거리에 다윗을 잡기 위한
물샐틈 없는 정보망을 깔아놓았지만
다윗을 돕기 위한 정보는 다윗에게 전달되었다

아히도벨은 후새의 철저한 공작에
자신의 계획이 실패한 것을 알고는
스스로 목숨을 끊음으로 어리석은 자로 입증되었다

험준한 에브라임의 전투에서
수풀이 칼보다 더 무서운 무기라는 것을 체험한 양측은
그 곳이 숫사적으로 열세인 다윗편을 위해서 싸우시는
하나님의 탁월한 전략적인 산지임을 알았다

압살롬은 다윗의 군사들과 마주쳐 도망가던 중
그의 자랑스런 장발이 무성한 상수리 나무에 걸려들어
그것이 그의 교수대가 되었건만
그가 타고 있던 노새마저 달아나 버렸다

누가 이런 일을 계획할 수 있었겠는가

전능자는 때가 되면
한동안 승승장구하던 악인이 한순간
자신의 함정에 자신이 빠지게 하신다

ㅁ … … 주께서 압살롬에게 화를 내리려하사 아히도벨의 좋은 모략을 파하기로 작정하셨음이더라(삼하17:18)

기도하는 사람은 안다

기도하는 사람은 안다

마음의 장벽에도
진심은 막히지 않는다는 것을

기도하는 사람은 안다

세상의 부침에도
진리는 녹슬지 않는다는 것을

기도하는 사람은 안다

불의의 횡포에도
진실은 밟히지 않는다는 것을

ㅁ 감추인 것이 드러나지 않을 것이 없고 숨긴 것이 알려지지 않을 것이 없나니(눅12:2)

붉은 가슴

엄마 떠난 후
그리움이 기도 였는데

소송 중에 좌절할 때 마다
꿈결에 엄마가 나타났다

꿈마다 담고 있는 의미는
가시관에서 장미가 핀다는 것이다

"답이 있다"

"기도해라"

"뜻이 있다"

엄마는 딸의 붉은 고통에
가슴이 응어리져 있다가

어려울 때 마다 풀어주려고
하나님의 입김을 대신했다

삶과 죽음으로 나뉘었지만
맘은 한몸으로 천지를 잇는
절대자의 뜻으로 한 영이다

가슴의 슬픔이 무겁게 흐르나
느려도 함께 흐르면

깊으신 분이 함께 하시리

ㅁ 주께서는 못 하실 일이 없사오며 무슨 계획이든지 못 이루실 것이 없는 줄 아오니 (왕상 21:3)

꽃 바다

회칠한 무덤

어떤 변호사가
9년 동안 제출한 서류는
무덤만큼 키가 자랐는데

그 속에는 시종이 여일하게
거짓말 백서 뿐이었고

입만 벌리면
거짓말이 유장하지만

불의한 재판장의 귀는
거짓말을 사랑하는지

간교와 탐심으로 반죽해
껍질은 꾸미었고
본질은 삼키었다

장식된 무덤이
영혼 떠난 시체를 미화하듯

회칠한
법리해석이

입증의 겉옷은 드러내고
탐욕의 속옷은 감추어서

겉으로는 의롭게 보이나
속으로는 불법이 넘친다

ㅁ 화 있을진저 외식하는 서기관들과 바리새인들이여 회칠한 무덤같으니 겉으로는 아름답게 보이나 그 안에는 죽은 사람의 뼈와 모든 더러운 것이 가득하도다 (마태23:27)

진노의 그릇

선하신 하나님은
이웃 사랑 없는 예배와 찬양은 외면하셔도
약자가 보호받는 공법과 정의는 주목하신다

고대 이스라엘 사회의 죄악상은
부자들이 재물을 축적하기 위해
권력과 돈을 결탁하여

법조계 지도자들을 하수인으로

뇌물을 받고 의인을 팔거나
신 한 켤레 값에 궁핍한 자를 판것은
가난한 자들의 생존권을 담보로 했기 때문에

자비로우신 하나님의 성품에 분노를 일으켰다

그분께는 인권회복이 제사의식에 앞선다

오늘 우리 사회도 하나님께는 진노의 그릇이다

재판을 통해
불의한 자는 적법한 자가 되고
청렴한 자는 빚진자로 둔갑시킨다

탐욕에 절은 재벌은

헐값으로 힘없는 자의 가산을 털기 위해

판사 출신 전관들에게 유리하게 판결해 주는
재판에 감빠르고 법리해석에 약빠른 현관들을 해결사로

정직한 자의 몫을 착취하는 것이
우리 사법부의 민낯이다

청빈한 사람들이 당하는 피해를
하나님은 당신이 당하는 것으로 진노하신다

ㅁ 너희의 허물이 많고 죄악이 중함을 내가 아노라 너희는 의인을 학대하며 뇌물을 받고 성문에서 궁핍한 자를 억울하게 하는 자로다(암5:12)

믿음과 정의

세상을 관통하는 말 중의 하나는
"하늘나라에는 법조인이 없다"는 것인데
힘없는 사람들의 입에 딱 붙는 이야기다

돈을 하나님으로 의지하는 법원은

정직하고 의로운 빈자들의 소망의 장소가 아니라
부패하고 타락한 부자들의 착취의 장소가 되었다

그래도 극소수의 신실한 법조인은
가난한 형제들에 대한 하늘 아버지의 마음을 헤아린다

어떤 독실한 가톨릭 신자인 전직 대법관은
사법부의 뿌리 깊은 구조악인 전관비리를 근절하기 위해
대법관을 마친 후 변호사개업을 하지 않고 학교에서 강의를 하면서
8년째 개근한 구청에서 자원봉사로 법률상담을 하고 있는데

하루 종일 곤고한 사람들의 한숨을 들어주고
소리없이 억울한 사람들의 눈물을 읽어주며
남은 세월 하나님의 사랑을 전하고 싶은 것이다

십자가의 사랑만이 정의임을 믿는 것이다

모든 가치를 능가하는 아버지 마음을
무료상담 속에 담고 있는 것이다

ㅁ …… 내가 가진 의는 율법에서 난 것이 아니요 오직 그리스도를 믿음으로 말미암은 것이니 곧 믿음으로 하나님께로 부터 난 의라(빌3;9)

하나님의 어깨농부

생명강

세상은 돈이 만물의 척도라
가난한 사람은 자기를 방어할 수 없어

정의의 척도는 약자의 보호에 있고
신앙의 핵심은 빈자의 돌봄에 있어

약함으로 약탈거리로 삼는 부자는
하나님의 심판의 대상이고

연약한 자를 착취해 쌓는 재산은
그 쌓은 자에게 파멸을 가져 올 것이다

억울한 자의 울부짖음은 전능자의 귀에 상고장이라
이웃에게 불의하고는 심판자와 소통할 수 없고
불의한 자의 예배는 주께서 가증히 여기신다

공평하신 천부께 탐욕보다 거스르는 것이 있으랴
그분은 탐욕자 앞에서는 천국문을 닫으신다

탐심은 더러운 폐수처럼
영혼과 육신을 오염시키지만

정의는 순수한 물 같고
공의는 맑은 시냇물 같아

서로의 가슴에 흘러들어
씻고 씻기며 생명강이 된다

ㅁ 오직 정의를 물 같이, 공의를 마르지 않는 강 같이 흐르게 할지어다(암5:24)

눈물강

칭찬

우리의 재능과 소유는 하나님이 맡기신 것이므로
반드시 심판자 앞에서 셈할 날이 올 것이다

삶은 주님을 섬기는 일이다

그분의 칭찬을 받은 사람은
한 호리라도
자기 능력이나 재산을 주인의 것으로 알아
선한 청지기로 일한 사람이었다

심판 날에 상급의 기준은 충성이지 성공이 아니다
하나님은 마음을 바쳐 섬긴 종을 잊지 않으시므로

달란트를 선용한 선한 종에게는
주인의 즐거움이 상급이 되지만

달란트를 숨겨둔 악한 종에게는
주인의 노여움이 심판이 되리라

달란트는

하 많은 슬픔과
힘 겨운 수고와
속 깊은 눈물로

불어나
가득차면

주님의 눈빛이 다가가 측정하시고는
신실한 종에게 "잘했다" 칭찬하시리라

ㅁ 그 주인이 이르되 잘하였도다 착하고 충성된 종아 네가 적은 일에 충성하였으매 내가 많은 것으로 네게 맡기리니 네 주인의 즐거움에 참여할지어다(마25:21)

고진감래

거듭남의 열매

오랜 옛날 바벨론의 막강한 권력을 잡은 왕이
웅장하고 눈부신 왕국의 발코니를 거닐면서

이 왕국과 난공불락의 성은 자기의 업적이므로
아무도 자신의 권세와 영광을 빼앗을 수 없다는
교만한 생각을 입에 달고 있었을 때

하늘에서는 반신반인처럼 행세하는
느부갓네살 왕의 파면을 선포한 것이다

하나님의 탄핵은 기각되거나 각하될 수 없고
누구도 불소추특권을 누릴 수 없다

왕은 권좌에서 쫓겨나 짐승의 자리로 추락하여
하나님의 주권을 깨달은 후에야 통수권을 찾게된다

인간의 위대함은

군림이 아니라 섬김이고
모금이 아니라 베품이며

십자가에서 내려오는 능력에 있는 것이 아니라
타인을 살리려고 무능하게 죽어가는데 있다면

안하무인의 왕은 장기간 징계를 받은 후에야

지각이 들어와 만왕의 왕을 노래하였고

하늘의 의로운 심판을 우러르며
가난한 사람들을 마음에 누이니
별빛 나라가 땅의 왕을 찾아왔다

ㅁ 이 말이 아직도 나 왕의 입에 있을 때에 하늘에서 소리가 내려 이르되 느부갓넷살 왕아 네게 말하노니 나라의 왕위가 네게서 떠났느니라(단4:31)

예수의 나라

광장을 스치는 기도

세상은 힘이 정의다

정치적인 힘이든 경제적인 힘이든
어느 쪽으로 보든 힘이 정의다

특히 법조계가 그렇다

입으로는 법과 원칙을 외치지만
판결문을 보면 세상이 심장이다

진실과 정직은 침몰했고
법꾸라지들만 판을 친다

그들의 편에 속한 어려운 법리 뒤에 숨어
비상식적인 판결을 찍어낸 법조인들은
당연히 뒷거래를 의심하지 않을 수 없다

혹한의 광장에 소환된 사람들은 누구인가

억울한 재판 때문에 못 박힌 심정들
재벌의 만행으로 시달리는 민초들
세월호 물소리에 수장되는 가슴들
탐욕의 나이테에 무너지는 마음들

곤궁한 사람들의 피눈물에 뿌리 둔

권력과 뇌물의 결탁이 인화물질 돼
광화문 거리에 모여 촛불을 밝혔다

흙수저의 반란이었다

그 부르짖음이 하늘을 울렸고
그 메아리가 땅을 흔들었다

민심 돌아선 정권은
연줄 끊어진 연인가

사람들의 발에 밟혀
죽은 권력 임을 입증

가장 권력에 우호적인 검찰은
가장 정의로운 특검을 꾸려서
국정농단과 징경유착을 풀었고

민심이 헌법인 헌재는
국민의 신임을 배반한
대통령을 파면 했으나

공법과 정의가 주심인 하늘은
금력과 권력을 전가의 보도로
휘두른 세상을 심판한 것이다

정녕 하나님을 움직이는 기도는
불의에 부서진 상한 심령이던가

생명의 빛이여, 이 땅을 돌보소서
남북으로 찢긴 마음을 품으소서

ㅁ 하나님께서 구하시는 제사는 상한 심령이라
하나님이여 상하고 통회하는 마음을 주께서 멸시하지 아니하시리이다(시51:17)

흑수저의 반란

가교

의로우신 심판주의 나라에는
의롭지 못한 인간은 갈 수 없어

누구나 정의의 폭포에서는
고립무원의 낭떠러지이다

죄 없는 왕중왕의 어전에는
죄 많은 인생은 설 수 없어

누구나 공의의 강에서는
절해고도의 섬이다

예수님만이 자신을 드려서 다리를 놓아
하나님과 인간 사이에 가교 역할을 한다

ㅁ 하나님은 한 분이시요 또 하나님과 사람 사이에 중보자도 한 분이시니
곧 사람이신 그리스도 예수라(딤전2:5)

법원, 그 생명줄과 거미줄

정의를 아는 사람은 물 같이 흔해도
행하는 사람은 드물고

공의를 아는 사람은 강 같이 넘쳐도
따르는 사람은 희귀한

법원에서 신뢰를 구하는 것은
사막에서 생수를 찾는 것인데

신기하고 놀라운 일이 생겼다

구상금 사건 일심에서 재판장이 내게 물었다

"준비서면 이전에는 상속세에 대해서 들어본 적이 없습니까?"

"네! 상대방의 준비서면을 통해서 처음으로 들었습니다"

"정말로 그 전에는 들어본 적이 없었습니까?"

"절대로!"

단호하게 대답은 했지만
누가 내 말을 믿어주랴 싶어 막막했고
가슴이 떨려 큰 소리를 낼 수가 없었다

"저는 개척교회를 섬기고 있는 사람인데
상가 건물 중 일부를 월세를 내고 있어서
제 지분은 많든 적든 우리 교회에 바치려 했고
교회에 헌금하면 비과세 혜택을 받기 때문에
상속세를 낼 필요가 없었습니다 ... ..."

재판장은 끝까지 듣고 나서

"판결일에는 나오지 마세요 힘드니까
4시간 후면 연락이 가니까요"

"그래도 하나님 앞에서 최선을 다 해야죠"

그의 판결서는 양심서였고
신뢰에 뿌리를 둔
전인격적인 잠언이었다

그는 말을 바꾸지 않았고
세상에 연연하지 않는
법원의 생명줄 이었다

상대방의 항소로 이심에서 제출한 저들의 서류는
먹이가 걸려들게 하려고 거미가 쳐 놓은 줄과 같이
조잡하고 허점 투성이인 사기꾼들의 짜깁기 였다

나는 이심 재판장에게 정중하게 항의했다

"동네 수퍼에서 파 한단을 사도 즉시 영수증이 나오는데
수십억 상속세를 냈는데 어떻게 영수증이 없습니까?

세무서 자료에 의하면
상대방은 자기 몫만 냈고
제 지분은 다른 사람이 냈지 않습니까
상대방은 저에게 청구할 자격이 없습니다"

옆에 앉은 상대방 변호사가 자신있게 말했다

"다음 기일에는 교수님(다른 사람)이 나와서 해명을 하겠답니다"

어김없이 다음기일은 왔어도
다른 사람은 끝내 오지 않았다

판사 출신 상대방 변호사는 입만 열면 줄줄이
위증과 모략과 간계에 의한 삼중주 였음에도

요리 조리 재어 보던 이심 재판장은
그물에 법리해석을 달아 놓았는데
이중의 잣대를 가진 고무줄 이었다

그는 경제적으로 내려 앉은 자의 소유를

합법적으로 강탈할 수 있는 판결을 내려

상대방은 엄청나게 중한 변리에다
계산까지 속여 소름차게 뜯어갔다

그곳에 정직한 자들을 위한 대한민국은 없었다
우리는 이리 가운데 둘러싸인 어린 양 이었다

그러나 제아무리 얽히고 설켜 있어도
하늘이 드러내고 땅이 흔들어 대는데
허공에 걸린 거미줄이 얼마나 버티랴

이심 판결은 법리적 해석 차이를 이용한 초법적 행위였고
일심 판결은 중심을 보시는 하나님이 주신 꽃다발 이었다

양심의 법에 의존하는 것이
가장 아름다운 생명줄이라
아직도 그 향기에 익어간다

ㅁ 당신의 계명을 나는 갈망하였사오니, 정의를 세우시어 이 몸을 살려주소서 (시119:40)

ㅁ 그가 믿는 것이 끊어지고 그가 의지하는 것이 거미줄 같은즉(욥8:14)

눈물 깊은 무지개

사람을 판단할 때
하나님은 중심을 보시지만
법조인은 주로 재산을 본다

상대방 변호사를 볼 때 마다
이 사람이 공범인지 법조인인지
그 정체성을 분간하기 어려웠다

하늘이 알고 땅이 아는 사실도
재판장은 입증을 우선시 한다

누가 소송을 전제로 법리해석을 하며 살아왔겠는가
평생 법리적 검토를 해 온 사람이 수상하지 않겠는가

이를테면
사람이 죽었다는 사실 보다는
수술에는 성공했다는 판단이다

내 경우, 이심 판단을 보면

"… … 상속 재산의 종교단체 기부 등에 관한 조치는
상속인인 피고가 스스로 이를 결정하고 실행하여야 할
것으로… …" 인데

신고납부기한(사후 6개월)후에 지분이 나누어졌는데

어떻게 이를 결정하고 실행할 수 있었겠는가

법리해석으로 걸면 걸리기 때문에
삼심은 가볼 필요도 없었지만
주님의 일이라 최선을 다했다

아들과 함께 법률구조공단에 갔었는데
차 때문에 그는 남아서 기다리기로 했고
나만 들어가서 상담을 마치고 나왔는데

차는 있어도 동지는 없어 주위를 살피니
바로 뒤 공원 구석에서 울며 간구하는데
눈물로 땅이 파여 마음이 흐르고 있었다

하나님의 사람인 그는
주님의 포도원지기로서
찢긴 가슴을 드린 것이다

나는 그 순간
눈물 깊은 무지개를 두고 약속하신
창세의 빛으로 창조주와 소통했다

ㅁ 내가 내 무지개를 구름 속에 두었나니 이것이 나와 세상 사이의 언약의 증거니라(창9:13)

종의 기도

만행으로 종의 심령이 이렇게 오열하는데
강 깊은 주인의 침묵은 어떠하시겠습니까

이미 저의 능력의 한계를 벗어난 사건이지만
당신께서 우리의 중심은 받으신 줄 믿습니다

주의 종들을 긍휼히 여기사
당신의 기업을 찾아 주소서

바라옵기는
제가 이 세상을 벗어날 때

당신이 주신 목사 아들이
저의 관뚜껑을 덮으면서

"하나님, 나의 어머니는
당신의 선한 청지기 였습니다"

이 사무친 고백의 꽃다발을 받고
당신의 나라로 떠나고 싶습니다

ㅁ 내 심령에 이르기를 여호와는 나의 기업이시니 그러므로
내가 그를 바라리라 하도다(애3:24)

위로

축재는
법원에서 열리고

청빈은
하늘에서 열리는가

부자의 용병은
법정에서 대리전을 하고

불의한 재판장은
본질에서 벗어난 판단을 하여

판결은
그들만의 묵계지만

빈자의 고독한 변론은
세상에서 가상 억울한 죄인이 듣는다

예수가 위로다

ㅁ 그리스도의 고난이 우리에게 넘친 것 같이 우리가 받는 위로도 그리스도로 말미암아 넘치는도다(고후1:5)

법정과 복음

정의가 신음하는 법원에서
양심이 절규하는 법정에서

진실한 사람 하나 만남이
밤하늘의 별 따기 같은데

섬약한 믿음을 간직해 온 한 총명한 재판장이
진실과는 머나 먼 거리의 판결문을 낭독한 후
얼굴을 들지 못하고 고뇌하는 모습이 읽혔다

놀라운 정경이 문가에서 기도불을 켜게 했다

영감어린 말씀 하나가 떨어뜨린 지혜는
법정도 복음이 선포되는 곳임을 알렸다

울부짖는 땅에 마음 잠긴 하나님은
가난한 자에게 냉혹한 세상 법정에
예수도 바울도 사도들도 세우셨다

세상죄를 지고가신 순하디 순한 발자취가
어두운 세상을 관통하는 어린 양떼에게는
하늘 목자에게로 향한 그렁그렁한 빛이고

진실을 부인하고 세풍에 감전되는 이에게는
수제자 베드로를 바라보시는 연민의 눈빛이

심령의 골수까지 스며드는 저린 눈물이기를

ㅁ 밖에 나가서 심히 통곡하니라(눅22:62)

정의는 제대위의 찬양

오명과 광명(汚名과 光名)

애먼 사람들의 호소가
하늘을 울리는 법정에
하나님의 아들이 섰다

유대 지도자들은 그를 로마황제의 원수처럼 고소하였다

그들은 모의하기를 예수를 자칭 유대인의 왕으로 기소한다면
재판장은 그를 반역자로 보고 십자가에 달 것으로 판단했으나

재판장인 빌라도는 로마 지방 행정관으로 오랜 시간
유대의 요주의 인물인 예수에 대한 보고를 받아왔고
캐비닛 문건으로 철저하게 의혹을 검증하였으리라

빌라도 보기에 예수는 절대 정치적인 인물이 아니었다

정치는 모든 것에 우선하여 돈과 조직인데

죽은 자를 살리고도 그것을 물질적으로 이용하지 않았고
예루살렘의 의미심장한 입성을 통해서도 환호작약하는
군중을 선동하여 정치적인 상황으로 조직하지도 않았다

예수의 가슴 속에 눈물로 고였던 사람들은
다 가난하고 병들고 비참한 사람들이었고
이 따뜻한 눈물이 그가 간직한 재산이었다

게다가 그리스도라 하는 예수가 빌라도의 법정에 끌려가자
힘없고 겁많은 그의 제자들은 살길을 찾아 뿔뿔이 흩어졌고
멀리서 따르던 수제자 베드로는 그를 세번이나 부인했지만

그들의 부정을 긍정으로
그들의 절망을 소망으로

거듭나게 한 외로운 기도가
예수의 견고한 조직이었다

변호인도 증인도 없었던 예수를 빌라도가 불러내
단도직입적으로 "네가 유대인의 왕이냐" 물었을 때
예수는 "네 말이 옳도다" 한 마디로 직격탄을 날렸다

빌라도의 질문은 양날의 날선 칼이었지만
진실을 외면하고 법조항 뒤에 숨지 않았던
예수는 죽음을 제물 삼은 진정한 왕이었다

예수가 말하는 왕은

하늘 나라의 진리를 증언하는 왕이고
하나님 나라의 사랑을 증거하는 왕이나

빌라도는 삶과 죽음 그 너머를 생각지 못했고
세상을 버리고 예수를 따를 가치관이 없었다

빌라도는 예수의 무죄를 세번 증언한 증인이며
유대지도자들의 고소는 시기때문이라는 것을
알고 있었던 만큼 그 책임에서 벗어날 수 없었다

유월절 특사의 전례에 따라
죄수를 풀어주는 관례로서
예수를 석방해 주려 했으나

민란이 나려는 것을 보고
무리 앞에서 손을 씻고는

무죄한 예수의 피에 대하여
유대인에게 책임을 돌리자

백성들은 예수의 피에 대한 책임을
그들과 그들의 후손이 지기로 하여

예수의 죄없음을 시인한 것이 되었고
그들 스스로에게 유죄판결이 되었다

로마총독 빌라도는 예수를 석방할 수 있었으며
식민지인 예수를 무죄로 석방했어야만 했는데

자기를 왕이라 하는 자는
로마황제의 역적이라는

성난 폭도들의 협박에 굴복하여
자신의 지위를 보호하기 위해서

가장 잔인하고 무서운 십자가 형을 선고하고
"나사렛 예수 유대인의 왕"이란 죄패를 써붙여

황제를 거역한 반역죄임을 알리어서
가이사의 위세를 드높이려 했으므로

빌라도는 법과 정의를 배반한 불의한 재판장이며
정치 시녀라는 부끄러운 오명의 대명사가 되었고

예수는 의와 진리를 전파하는 하늘 나라의 심판자며
그리스도로 낮의 태양같은 광명의 대명사가 되었다

□ 빌라도가 패를 써서 십자가 위에 붙이니 나사렛 예수 유대인의 왕이라
기록되었더라(요19:19)

탐욕의 종착역

가롯인이라 부르는 유다는 회계사 직책으로
언제나 주님을 이용해 돈 벌 궁리만 하였기에
요한은 그를 가리켜 돈 빼내는 도둑이라 했다

그는 주의 초인적 능력을 군자금으로 만들어
예수를 정치적 독립을 이룰 지도자로 세우고
자신은 킹메이커가 되려고 했는지도 모른다

그가 종교 모리배들과 흥정한 것도
그의 관심은 돈이라는 것을 입증한다

탐욕은 사탄의 특급 열차다

악신은 유다를 배반자로 매수하여
대제사장들의 길라잡이로 삼았다

이 사건후 주께서 정죄당함을 보고
유다는 양심의 소리를 막을 수 없어

회당으로 들어가 종교 지도자들에게
토사구팽된 자가 은 삼십을 돌려주며

주님의 결백을 입증하고 나가
자신의 죄에 목매달아 죽었다

예수 팔면 피밭 산다

탐욕 품으면 절망 낳는다

주께서 유다를 바라보셨을 때에
서리던 동정과 비탄의 눈빛대로
그는 영원한 흑암에 매달리었다

ㅁ 이 사람이 불의의 삯으로 밭을 사고 후에 몸이 곤두박질하여 배가 터져 창자가 다 흘러나온지라 이 일이 예루살렘에 사는 모든 사람에게 알게 되어 본방언에 그 밭을 이르되 아겔다마라 하니 이는 피밭이라는 뜻이라(행전1:18,19)

십자가 사랑

십자가를 알면
하나님을 알고

하나님을 알면
사랑을 안다.

왜 심판자가
법꾸라지에게
재판을 받았는지

왜 창조주가
피조물에게
찢김을 받았는지

왜 독생자가
뭇 생명에게
침 뱉음을 받았는지

ㅁ 그에게 침 뱉고 갈대를 빼앗아 그의 머리를 치더라(마27:30)

기쁨을 낳은 슬픔

사람은 억울한 일을 당하게 되면
온 몸으로 하나님께 부르짖는데

나의 울부짖음은 땅에 새나가지 않고
고스란히 하나님 발 아래 드려 지도록
길을 잘 아는 말씀의 신발을 신고 간다

재판중의 악폐인 고수 거짓말로
정직은 하늘의 음성에 기갈들려
슬픔 보따리를 성서 위에 펼치면

"하나님을 속일 수는 없느니라"는
말씀의 씨를 가슴에 뿌려주시어
기쁨은 슬픔을 뿌리로 발아해서
믿음의 꽃다발을 안기워 주신다

진실이 만발한 시심엔
예수의 피눈물이 고여
생명의 샘으로 흐른다

세상의 슬픔은 사망을 낳지만
예수의 슬픔은 생명을 낳아서

차오르는 기쁨을 찬양으로 드린다

ㅁ 주께서 나의 슬픔이 변하여 내게 춤이 되게 하시며 나의 베옷을
벗기고 기쁨으로 띠 띄우셨나이다(시30:11)

정의가 안보다

안보가 튼튼한 나라는
핵 보유국이나
경제 대국이 아니라
정의가 뿌리인 나라다

돈이 마음골인 재판장은
나라의 기둥을 흔드는 것이고

뇌물이 기반인 통치자는
나라의 토대를 흔드는 것이다

부자는 판 검사 출신 변호사와
법률 브로커가 따라 붙지만

빈자는 세상의 줄 밖에 홀로 서 있다

가난한 사람의 진술이 진실하다면
통치자는 사법 살인을 제도적으로 막아야 한다

법이 공정하다 해도
집행하는 사람들이 악용할 때는
법리해석도 이현령 비현령 이다

다윗의 바른 행정은 나라의 기둥을 세웠고
여호야김의 탐심은 나라의 터를 흔들었다

강자가 약자를 밥으로 알고
가진자가 가난한 자를 착취하던 소송을
공의로 재판하며 정의로 판결하게 하면
그 통치자의 권위는 영원하리라

정의가 재판석인 나라는
전능자의 평안이 깃들고
긍휼하심이 가득 차리라

ㅁ 왕은 정의로 나라를 견고하게 하나 뇌물을 억지로 내게하는 자는
나라를 멸망시키느니라(잠29:4)

사랑은 정의(1)

밀 이삭을 비비는
아들의 배고픔이
아버지의 눈물일진대

누울 곳 조차 없는
아들을 생각하는
아버지의 마음은
얼마나 미어졌을까

흠도 티도 없는
아들을 못 박을 때
아버지의 심장은
얼마나 떨렸을까

그 통증의 시간들을
그 슬픔의 시간들을

가난한 사람을 위해
가난하게 살았고

상처난 이를 위해
상처를 입었고

죄인을 구하기 위해
죄인으로 죽었다

사랑은 정의

정의로 밖에는
세울 수없는
사랑의 십자가

ㅁ 예수께서 이르시되 여우도 굴이 있고 공중의 새도 둥지가 있지만
인자는 머리 둘곳 조차 없다 하시더라(마8:20)

십자가는 아버지의 눈물 바다

사랑은 정의(2)

생명과 죽음은 공존할 수 없듯이
불의와 정의도 함께할 수 없으니

사랑과 정의는 창조주의 속성이기 때문이다

사랑은 정의고 생명이지만
불의는 죄악이고 죽음이다

하나님은 사람에게 정의를 행하시므로
인생도 정의를 행할 것을 요구하시는데

값비싼 제물이 드려지는 과시적인 제의가 아니라
삶의 현장에서 정의가 행해지는 것을 주목하신다

정의의 왕은 가증한 헌금보다
사회정의와 인권을 구하신다

뇌물을 먹고 죄없는 사람의 피를 흘리는 법조인이나
법을 악용하여 고리대금으로 이웃을 허는 사기꾼들

사회적 약자를 밥그릇으로 생각하는 기업주나
불의와 착취의 낚시질로 재산을 낚아챈 재벌들

탐욕에 양심불 꺼진 사람들은 지옥의 반석을 놓고 있는 것이다

사유재산도 주님의 공익의 도구가 되지 못하면 권리가 못된다

하나님은 사랑과 정의의 인격을 갖추시고 우리와 동행하신다

- 너희가 힘없는 자를 밟고 그에게서 밀의 부당한 세를 거두었은즉 너희가 비록 다듬은 돌로 집을 건축하였으나 거기 거주하지 못할 것이요 아름다운 포도원을 가꾸었으나 그 포도주를 마시지 못하리라(암5:11)

정의는 불타는 사랑

사랑은 정의(3)

사랑으로 우리와 하나되신
주님은 만민의 아버지시다

지극히 작은 자 하나에게 한 선행을
당신에게 드린 것으로 받으시고

지극히 약한 자 하나에게 하지 않은 것을
당신에게 하지 않은 것으로 여기시는

하나님의 심판의 기준으로 볼 때
부끄럽지 않은 의로운 영혼은 없다

죄의 결과는 개인적이면서도 사회적이다
예수께서 세상 죄를 지고 가는 어린 양처럼

그가 침묵함으로
우리가 부르짖고

그가 찢김으로
우리의 상처가 봉합되고

그가 뜯김으로
우리의 통증이 아물고

그가 깨짐으로

우리가 온전해지고

그가 의의 왕으로 죄인의 십자가에 죽으심으로
우리는 의롭다함을 받아 죄사함을 받은 것이다

피흘리는 정의가
진정한 사랑이다

ㅁ 그가 찔림은 우리의 허물 때문이요 그가 상함은 우리의 죄악때문이라
그가 징계를 받으므로 우리는 평화를 누리고 그가 채찍에 맞으므로
우리는 나음을 받았도다(시53:5)

사랑과 생명과 정의의 하나님

사랑은 생명

초판인쇄 | 2018년 3월 16일
초판발행 | 2018년 3월 16일

지은이 | 정연홍
펴낸이 | 유화선

펴낸곳 | 도서출판 말씀
e-mail | somoon@jeongsomoon.com
출판등록 204-91-88718 | 대표 정연홍
서울시 중랑구 동일로 130길 71(중화동)
Tel (02)433-1433 Fax (02)433-9033

값 12,000원

이 도서의 국립중앙도서관 출판예정도서목록(CIP)은
서지정보유통지원시스템 홈페이지(http://seoji.nl.go.kr)와 국가자료공동
목록시스템(http:/www.nl.go.kr/kolisnet)에서 이용하실 수 있습니다.
(CIP제어번호:CIP2018005660)